AF219699

Minutenliebe.

Josefine Klett

-jk-

Impressum

© 2021 Klett Josefine

Herstellung und Verlag:

BoD - Books on Demand

Norderstedt

ISBN 978-3-7557-4022-3

Texte, Umschlag und

Illustrationen

© Copyright Josefine Klett

Mail: sekundenhauch@web.de

Meine persönlichen Worte an
Dich:

Josefine

-Gedichte-

-Liebe-

Lass Dir niemals diese Liebe
nehmen, die Du empfindest.
Denn Du strahlst in deinen Farben,
Hör Dir zu, dass Du sie findest.
Gefühle, kunterbunt, so
vielschichtig,
wie die Sicht auf deine Welt.
Hab keine Angst vor den
Gefühlen,
hab keine Angst vor Dir selbst.
Nimm Dich wahr, steh zu dir, sieh
Dich um, es ist so wichtig.
Trag sie nach Außen, deine Farben,
zeig den Menschen wer Du bist.
Denn genau so bist DU richtig.
-jk-

//Korksandalen

Die knusprig braungebrannten Blätter ergeben sich knackend unter meinen weichen Korksandalen. Ich betrete den Garten und rieche schon im Vorbeigehen an Zierweide und Apfelbäumen einen leichten Hauch von Herbstwind. Die Sonne brennt unbarmherzig das Gras nieder, welches sich hart anfühlt, wenn meine nackten Füße darüber Gehen und ich frage mich, wie er wohl werden wird, dieser Herbst. Ich schlage mein neues, altes und abgegriffenes Buch auf. Ich denke an die Hände, die es schon berührt, in ihm geblättert haben, völlig gedankenversunken. Der Schatten der Weide legt sich über meinen Körper, kein Winkel der Sonne, die mich mit ihren sengenden Strahlen verbrennt. Ich bin geerdet, hier im Schatten auf der Wiese, hier im Garten. Das raschelnde Laub unter mir, welches sich langsam den Begriff des Herbstlaubes verdient. Doch dafür ist es noch zu früh. Ich blättere hypnotisch weiter,

sammle Wort um Wort aus jeder
Zeile mit wachen Augen vom Papier
und wünsche mir den Duft von
Sommerregen.-jk-

-Mangel-

Eine Ernte, die im frühen
Spätsommerlicht

etwas spärlich erscheint.

Neu gewonnene Freiheit

gepaart mit der alten Angst

im bunten Freizeitkleid.

Für jedes Abenteuer dankbar sein.

Für die kleinen Momente,

einmal wieder zusammensitzen,

doch es sind die Momente ohne

langes Zeitkontingent,

die viel zu schnell vergehen.

Lass uns fester stehen

in diesem zusammen.

Lass uns wieder mehr Frohsinn

erlangen.

Lass uns dankbar sein

nach all dem Mangel,

für das, was wir geschafft und

das, was ist vergangen.-jk-

-Interlunium-

Als hätte ich es dem Interlunium
vorhergesehen,

weiß ich nun neue Dinge sind mehr
und mehr am Entstehen.

Neue Erkenntnisse sie kommen zu
mir, einfach so.

Weil der Mond wandert und immer
wieder Neues passiert.

Da ist Nichts, was diesen Wandel
aufhält

und nicht mal der Mond kann es.

Der Mond, der sonst die Nacht
erhellt.

Nichts in dieser Welt hält ewig,

mein Denken auch nur temporär.

Ich bin froh darüber,

denn ohne diesen Wandel

spüren wir nicht dieses Mehr.-jk

Bevor Du

weiterliest eine kleine Frage:

Hast Du eigentlich schon

Sekundenhauch, den ersten Band

meiner gleichnamigen

Sekundenhauchtrilogie gelesen?

//Sonnengelb

Ich liebe diesen kleinen sonnendurchfluteten Raum. Morgens blitzen schon die ersten Sonnenstrahlen durchs Plissee. Am Abend spiegeln sich die schönsten Lichtreflexe und Sonnenstrahlen beim Untergehen an meiner weißen Zimmerwand. Nie hätte ich geglaubt, dass mich dieser Raum ohne Zeit, ohne Wanduhr und jeglichen Schnickschnack so glücklich macht. Einfach dieses Sein, einfach sein. Ruhe in sich zu horchen, neue Gedanken einzufassen, ins helle Sonnengelb, das durch die Fenster dringt und alles erleuchtet, meine Seele erhellt.-jk-

-Schiffchen aus Papier-

Bis heute habe ich immer dieses
Mehr gesucht.
Bis ich verstanden habe, dieses
Meer ist in mir.
Ich weiß nicht warum ich es jedes
Mal wieder aufs Neue probier.
Dieses Suchen, dieses Sehnen,
nicht nach dem Jetzt und dem Hier.
Es ist wie ein zweiter Teil meines
Herzens.
Die Wellen, sie bäumen sich auf
und sie zerbrechen, täglich auch
in Dir.
Aber wo ist das Versprechen, wenn
ich das Meer
aus den Augen verlier?
Zeitvertreib, das Kopfzerbrechen,

doch dieses Mehr ist ein Meer in

mir.

Ein Meer aus Gedanken, komm ich

zeig sie Dir.

Die Gefühle, die ständig

schwanken,

wie ein Schiffchen aus Papier.-jk-

ich bin frei…

hab keine Grenzen

nur den Rahmen aus schwarzweiß

lass mich   t   n   e

                a   z   n.

Besser als im Monochrom zu leben,

lieber dreh ich mich im

                K

  . S   R

        I   E

kleiner Regen
für Traurige

//Regenbogengedanken -jk-

-Happyend-

Du sagst mir es ist wichtig
seine eigene Geschichte zu
schreiben.
Es ist richtig nie eine Chance zu
vergeben,
Alltägliches immer wieder neu zu
erleben.
Denn schöne Momente sollen im
Gedächtnis bleiben,
damit sie sich nicht als böse
Geister verkleiden.
Wir lassen uns nur von unseren
Gefühlen treiben.
Du bist mein Held, ich bin bei
Dir.
Nur zusammen können wir Geschichte
schreiben

und unser Happyend,

es kann heute noch passieren.-jk-

-Heimat-

Nichts ist vergleichbar.

Du bist immer erreichbar.

Deine Straßen, deine Momente

prägend und verzeihbar.

Kein Ort in dieser Welt kann den

Platz ersetzten.

Ich lernte Dich mit der wachsenden
Ferne

viel mehr kennen und schätzen.

Auch wenn ich so oft von Dir

weg wollte,

die Freiheit suchte,

den Kurs auf Revolte.

Da warst Du da.

Bei der ersten Fahrt mit dem

Dreirad,

beim ersten Schwimmen im Freibad.

Kein Ort in der Welt hält mein

Herz so wie Du, Heimat.-jk-

-Mehrgedankendenken-

Dieses Mehrgedankendenken heißt
auch

mehr Erleben und weniger Zeit
verschenken.

Viel mehr geben, als man nimmt,

leichter Leben, selbstbestimmt.

Es bedeutet Fühlen auch mit Sinn,

Kopf hoch in den Wolken,

aber auch zu wissen, wo gehört

mein Leben hin.

Es lebt vom immer wieder neu
verändern.

manchmal auch mit Augenrändern,

dem Leuchten in den Augen drin.

Dieses Mehrgedankendenken kann

verträumt sein,

mich ablenken,

doch man kanns mir nicht
verdenken,

dass ich dadurch glücklich bin.

-jk-

//Akzeptanz

Heute weiß ich, dass ich **stark** bin. Doch warum musste ich das Alles erdulden, erleben, wehrlos zusehen? Weil ich zu schüchtern bin und war. Zu viel verdrängt, die Worte. Das Herz eingeengt, niemals vergessen, was doch einst so verzeihbar schien. Vorbei und in keiner Weise wahr. Ich habe mir dann stets gesagt „Ich hör da einfach nie mehr hin". Umso mehr aber habe ich über alle Sätze nachgedacht, nächtelang gezweifelt und hatte mir in meiner Opferrolle wohl den besten Job erdacht. Alle haben gelacht, wie man das dann so nach Jahren erzählt und mich dabei für ihre Reue, Jahre später herzlos gemacht. Heute weiß ich, dass auch Personen Depressionen auslösen können. Heute weiß ich, dass ich schwach war und dass es Menschen gibt, die Dir durch ihre eigene Unsicherheit im Gedanken und einer Portion Hass, Nichts gönnen. Heute weiß ich, dass ich stark bin und auch schwach zugleich, da ich eins verstanden habe: Das Verzeihen und Vergessen nicht zum glücklich-Leben reicht.

Hierzu fehlt die Akzeptanz, die nur von beiden Seiten hilft mit sich im Reinen zu sein. Aber dazu brauche ich erste Worte mit mehr Sein als Schein und Ehrlichkeit ganz allgemein. Nicht zum Vergessen, zu verzeihen, sondern um ein kleines bisschen Akzeptanz zu zeigen. Ein ehrlich gemeintes Lächeln, um Alles hinter mir zu lassen. Respekt in den Blicken, um auch die Akzeptanz selbst ins Auge zu fassen.-jk-

-Nichts-

Nichts auf dieser Welt

leuchtet so,

so wie Du.

Schau nicht weg,

hör Dir zu.

Denn deinen Wert,

den Du hast,

bestimmst allein nur Du.

Lass dein Leuchten ewig scheinen,

leb die Liebe,

in Momenten,

den großen und kleinen.

Sieh Dir zu,

wie Du leuchtest.

Niemand leuchtet,

so wie Du.-jk-

-Zugfensterscheiben-

Der Asphalt noch nass.

Auf die Bahn ist kein Verlass.

Kein Sonnenschein, kein Licht,

vorbeiziehende Landschaft,

Zugfensterscheiben,

getrübte Sicht.

Rasende Gedanken,

fast 220 km/h.

Die im Kopf gebauten Schranken,

sie sind trotzdem alle da.

Umsteigen in Richtung rechts

oder doch etwa links.

Stillstand auf unbestimmte Zeit.

Der Horizont als Linie

spiegelt sich auf anthrazitgrauem

Zugfensterscheibenantlitz

in die Unendlichkeit.-jk-

-Minutenliebe-

Diese Zeit ist geprägt

von Ruhe und einem
unzertrennlichen

Wir-Gefühl.

Nichts, was uns trennt.

Wir, ist ein Wort des

Zusammenseins.

Du bist wie mein doppelter Boden.

Für mein Herzerleben,

bist Du das Fundament.

Niemand weiß, wie viel Zeit,

in Sekunden,

Minuten und Stunden,

die Liebe uns beim Namen nennt.

Als ich Dich gesehen hab,

in diesen vielen Sekunden.

Da hat dieser Blickkontakt

die Stille überwunden

und ich wusste…

Du bist keine Minutenliebe.

Kein kurzer Glücksmoment.

Nach diesem Wir hat keiner
gesucht.

Das Wir hat uns gefunden.-jk-

-Gelborangerot-

Wenn den Träumen Flügel wachsen,

dann ist da ein kleines bisschen
Hoffnung.

Eine Hoffnung, die sich mit dem
Blick

hinauf zum hellblauen Himmel
begründet.

Denn da entdeckst du plötzlich

den Glanz der Sonne auf deinem
Gesicht,

die einzelnen Strahlen,

dieses unvergleichliche
Gelborangerot,

wenn Du die Augen schließt.

Es ist die Farbe der Träumer,

der Freiheit, der Abenteuerlust

in deinem Herzen.-jk-

//Dosis Leben

Es geht nicht darum, ob am Ende
alles gut wird. Es geht darum,
dass man spürt, dass man nie genug
bekommt, diese Sehnsucht anhält.
Es geht um den größten Gewinn,
sich verlieren zu können, ohne
sich selbst zu vergessen. Es geht
darum, Dinge zu tun, die man sich
nie allein trauen würde, ohne
diese Sehnsucht. Das Fernweh, die
Trauer, die Wut, die
glücksbetrunkenen Momente wären
nichts ohne die unberechenbare
Dosis an Leben, die durch unsere
Adern strömt.-jk-

-Weitblick-

Wir brauchen nicht viel.

Wir brauchen Freude, Liebe,

unsere Träume, ein Lächeln

im Hier und Heute.

Wir brauchen keine Dinge.

Wir brauchen Zeit,

Rückzugsorte, Geborgenheit,

leichtes Leben, ein Streben

ohne Augenringe.

Wir brauchen das Nötigste.

Wir brauchen uns selbst.

Unsere Familien, ein offenes Ohr,

ein weites Herz,

Weitblick für die Welt.-jk-

-Musik-

Du bist so lange in meinem Leben,

dass ich Dich ohne Worte verstehe.

Du bist da, ist die Welt still,

wenn ich mich nur um mich selbst

drehe.

Mein ganzes Leben begleitest Du

mich.

Fehlen mir die Worte,

dann leihe ich mir deine Melodie.

Musik, was wäre ich ohne Dich?

Nur ein Kopf voll Poesie.-jk-

//Bedeutend

Wenn wir uns völlig von dem lösen
was uns Angst macht, was uns zu
viel nachdenken lässt, dann
schlägt unser Herz in einem
Zustand aus Schweben und
Vorfreude. Zwar immer noch nicht
langsam, aber bedeutend bewusster
und frei.-jk-

-Blättermeer-

Keine Worte können die Wildnis
beschreiben,

die Sehnsucht erfüllen,

die Neugier fühlen,

die mich umgibt.

Außer der Anblick der Natur.

Hier bin ich ganz bei mir,

meine Augen so grün wie die

Blätter.

Mein Blick,

Blätterrauschen rings umher.

Die Stille,

kleine grüne Wellen,

geborgen hier

im Blättermeer.-jk-

//Filter

Wir verschwenden so viele Gedanken
für unnötige Stimmen und Zweifel,
die wir uns selbst immer wieder
aufs Neue erzählen. Wie ein
Mantra, dass unser
Selbstbewusstsein klein redet.
Aber hast Du dabei mal deine Augen
betrachtet, das Leuchten beachtet,
deine Einzigartigkeit gesehen?

Je weniger Du nachdenkst, desto
mehr wirst du verstehen, dass Du
dieses Leben nur einmal lebst,
diesen Moment, diese Stunden. Die
Perfektion, die Du erstrebst,
indem Du dich verstellst, sodass
Du Dir gefällst, hat dein ich
nicht neu erfunden. Denn in diesem
Moment, in dem Du dir den Filter
übers Herz legst, ist dein ich
schon fast verschwunden.-jk-

#keinfilterüberdemherz

-Regengesang-

Dieses leise Klopfen.

Wie ein vorsichtiges Annähern,

ein sanfter, vertrauensvoller

Blick.

Bekommt der Regen einen Klang,

knackend, klopfend, Regengesang.

Die Zeit steht still

in diesem Augenblick,

wenn der Regen die Fensterscheibe

langsam herunterläuft,

tropfend verschwindet,

im grauen Asphalt.

Dieser Moment könnte ewig dauern,

ewig anhalten,

doch der Regen, er rinnt,

wie die Zeit,

unsichtbar ins Nichts.

Einen kleinen Augenblick nur,

presse den hämmernden Kopf gegen

das Fensterglas,

tröstend,

glatt

und kalt.-jk-

-Tür-

Ich bin angekommen.

Hier wollte ich immer sein, so

spricht die Stimme in mir.

Doch warum fühle ich es nicht so
sehr,

dieses Angekommen sein?

Es ist doch alles das,

von dem ich geträumt habe,

meine tiefsten Sehnsüchte

liegen vor meinen Füßen

und ich bin wie gelähmt,

stehe vor einer offenen Tür.

Ich kann nicht hineingehen.

War das alles umsonst und vor
Allem

wofür?

Es scheint doch so leicht.

Geh hinein,

denn Du bist reich.

Aber Nein.

Warum sollte ich ohne Sorgen

leben,

brauche ich sie doch,

um meine Gefühle,

gar mein Leben

zu verstehen.-jk-

-Nirgendwo-

Nichts ist anders

und doch so viel.

Die Tage verblassen.

Die regennassen Straßen,

sie führen mich ins Nirgendwo.

An Orte, an denen sich mein ich

so fremd anfühlt, wie Anderswo.

Ich bin außerhalb meiner Gedanken,

nicht ich Selbst.

Die Ungeduld, sie kämpft in mir,

macht mich bekannt

mit dem heißen Unwohlsein im Bauch

und der Ungewissheit,

die mir die Kehle langsam
zuschnürt.

Gedanken, die auf den Scheiben
herunterlaufen,

wie Tränen,

die ich im Gedanken an Dich
verschenke.

Eine Welle der Gefühle,

sie bricht meine Dämme der

Vernunft,

die ich einst mit Sandsäcken des

Vertrauens

zu Dir aufbaute.

Nun fließt Alles vor mir her.

Tränen, ich habe keine mehr.

Nichts ist anders und doch so

viel.

Die gleichen regennassen Straßen,

die im Hintergrund verblassen,

sie führen mich ins Nirgendwo,

denn Du hast mich verlassen.-jk-

//Veränderungen

Ich liebe Veränderungen, ich lebe
sie. Vor einem Jahr sah ich so aus
und Heute wieder anders. Mal
auffällig, mal unscheinbar. Da ist
dieses Flimmern der Gedanken, die
Träume, in denen ich mich anders
sehe. Ich versuche mich immer
wieder aufs Neue zu verstehen,
eine andere Perspektive. In mir
die Vernunft, sie nickt alles ab,
denn ich kann meine Wege gehen.
Wege, die mich näher zu mir selbst
führen. Mal in Ausweichstellen
meiner eigenen Angst, mal an Orte
an denen ich nur ich selbst bin,
ganz ohne Zwang. Ich höre gern
auf, fange gerne Neues an. Ich bin
wandelbar, bin unnahbar, ganz oft
in meinem Kopf und hoff, dass es
doch die paar Menschen gibt.
Menschen, die versuchen wollen,
mich zu verstehen, meinen Weg, das
Seelenleben und nicht nur das
Äußere sehen.

Ich denke ich setzte so auch ein
Zeichen der Akzeptanz. Wer diese
nicht deuten will, oder kann, hat
einen Unterschied noch nicht
verstanden. Den Unterschied
zwischen einem freien Denken und
stagnierenden Gedankenwegen.-jk-

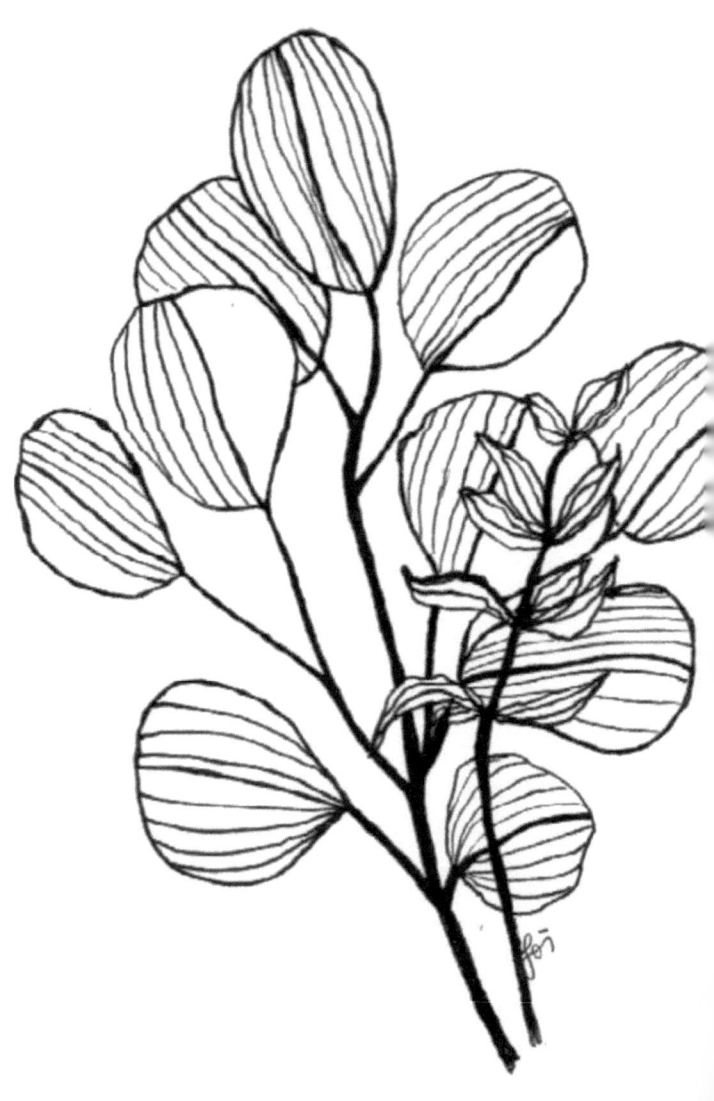

-Kunstwerk-

Du bist ein Kunstwerk.

Deine Sprenkel,

deine Linien,

deine Farben,

dein Gesicht.

Auf den ersten Blick erkennbar

bricht sich Schatten

und das Licht.

Es macht Dich sichtbar,

reflektiert Dir

die Nuancen deiner Selbst.

Also trau Dich,

male mit deinen Farben.

Du ein Künstler

deiner Welt.-jk-

-Waldluftliebe-

Nichts in mir ist tiefer

verwurzelt zum Ursprünglichen,

als mein wildes Herz, das nach

Abenteuern schreit.

Der Geruch von Waldluft,

er erdet mich.

Der Kopf ist frei, nur das

Zwitschern der Vögel

über mir

und die bunten kleinen Blüten zu
meinen Füßen,

die sich über den Waldboden

verteilt haben,

wie kleine farbige Sprenkel.

Hier will ich tief einatmen,

diese Stimmung in mir komprimieren

und diese laute Sehnsucht stillen,

die ich nur durch das Erlebte

besänftigen kann.-jk-

-Aus-

Wir reißen uns Gedanken aus dem
Kopf,

bringen sie aufs weiße Papier.

Wir fühlen zu viel

und können uns zu leicht

verlieren,

finden nicht den Ausschaltknopf.

-jk-

-Kalender-

Es ändert sich nichts, wenn Du
nicht selbst etwas veränderst.
Kalenderblätter-abreißend vom
Kalender fragst Du dich.
Wann hast Du versucht zu leben,
wie dieser neue Kalenderspruch.
Einfach so optimistisch deinen Tag
angefangen und ihn

dann am nächsten Morgen, wie einen
unsichtbaren Störenfried,
einfach vom Jahr abgerissen?
Wirst Du den heutigen Tag, wie
auch den Gestern vermissen?
365-mal im Jahr
liest Du einen neuen Spruch, reißt
die Blätter ab,
du zerknüllst sie mit einer Hand
und du wirfst sie weg.
Als hättest Du keinen Respekt vor
diesem Jahr,
jeden Tag, an dem Du leben darfst.
Alle Erinnerungen hastig
zerknüllt,
doch in deinem Kopf ist das
geheime Versteck,
welches sich mit Weisheit füllt.
-jk-

//Funkenflug - Liedtext

Du hast lange Nichts gefunden,
doch Du hast so viel gesucht. Die
vergeudeten Stunden, schon so
lange Zeit verflucht. Du hast die
Schmerzen überwunden, doch das
Heilen nie versucht. Dein Ich in
tausenden Sekunden, von deinen
Zweifeln oft besucht.

Hast Du Dich einmal gesehen, wenn
Du in den Spiegel starrst, hast
die Angst nicht übersehen, dass Du
zu zerbrechlich warst. Du hast
dein Lächeln noch behalten, als
Trost an die schwere Zeit, hast
noch Licht in deinem Herzen, ein
Funken, der nach Leben schreit.

Du hast es ewig ausgehalten, ewig
lange schien die Zeit. Du hast die
Luft oft angehalten, doch deine
Wege warn' so weit. Kannst nicht
mit Allen hier schritthalten, kein
altes ich, dass je verzeiht. Im
Kopf die Hand zur Faust gehalten,
doch nie ein Mensch der Hass
verteilt.

Hast Du Dich einmal gesehen, wenn
Du in den Spiegel starrst, hast
die Angst nicht übersehen, dass Du

zu zerbrechlich warst. Du hast
dein Lächeln noch behalten, als
Trost an die schwere Zeit, hast
noch Licht in deinem Herzen, ein
Funken, der nach Leben schreit.

Jetzt sitzt Du wieder hier und
hörst dieser Stimme zu. Hast sie
so oft schon gehört, doch niemals
war die Stimme du. Hast die Ohren
dir zugehalten, nur nach dem alten
ich gesucht. Willst alte Muster
beibehalten, doch du bist mehr als
Funkenflug.

Hast Du Dich einmal gesehen, wenn
Du in den Spiegel starrst, hast
die Angst nicht übersehen, dass Du
zu zerbrechlich warst. Du hast
dein Lächeln noch behalten, als
Trost an die schwere Zeit, hast
noch Licht in deinem Herzen, ein
Funken, der nach Leben schreit.

Hast Du Dich einmal gesehen, wenn
Du in den Spiegel starrst, hast
die Angst nicht übersehen, dass Du
so zerbrechlich warst. Du hast
dein Lächeln noch behalten, als
Trost an die schwere Zeit, hast
noch Licht in deinem Herzen, ein
Funken, der nach Leben schreit.
-jk-

-Intuition-

Schau ich gegen die Wand,

bin ich am Ende nur wortgewandt,

ohne Sinn und Verstand.

Weggerannt, vor Allem, was das

Wort der Angst formt.

Ich habe mich verloren im Sein,

im Fühlen.

Hier bin ich im Niemandsland

In dem ich Niemand

für

meiner Intuition Finderlohn fand.

Stadt ohne Meer und Zeit rinnt wie

Sand.

Hab mich verkannt

in den Wogen seiner Augen.

Zu tief geglaubt,

ans an Dich glauben.-jk-

-Anhäufen-

Dieses ewige Anhäufen von Dingen,

die man nicht braucht,

ist wie als wenn man

um zur Ruhe zu kommen, Kette
raucht.

Du brauchst nur die Dinge,

die dir am Herzen liegen.

Meistens findest Du sie

in deiner Vergangenheit,

in deiner Gegenwart.

Doch nur mit deinen mutigen

Gedanken,kannst Du deine Süchte

verbannen

und deine Gedanken

fangen an zu fliegen

und in den Himmel zu ranken.-jk-

-Treiben lassen-

Ich war noch nie synchron

zu meinen Gedanken.

Es ist wie ein Spiel

aus Schwerelosigkeit und Treiben

lassen,

aus Bewegung und Vorankommen.

Seichte Wellen wechseln sich ab

mit kraftvollem Aufwirbeln

Oberflächenbewegungen ziehen ihre

Kreise.

In Hellblau und Dunkelblau

in leisen strömenden Bahnen

unter mir.

Mein Kopf Unterwasser,

metallisches Summen auf den Ohren,

kleine Perlen aus Sauerstoff.

Sie umspielen meinen Körper,

fast wie ein Schmuckstück.

Sekundenbruchteile der Welt,

sie spielen hier keine Rolle,

solange ich synchron bin,

synchron schwimme,

mit mir,

nur mit mir selbst.-jk-

-Erwarten-

Alles beginnt mit dem Mond.

Nichts ist mehr wahr.

Nichts wie gewohnt.

Dieses Rauschen am Anfang

und der Nachhall im Schatten

hängt noch im Gedanken.

Leise Töne,

weiße Neugier,

gedämpfter Klang.

Schwebend in der Ruhe,

rauschendes Erwarten.-jk-

in bloom

for josefine.

-Reaktion-

Ich bin schlecht im gut
ansprechen.

Ich kann nicht einfach sagen,
komm lass uns das Eis brechen.

Eher bin ich so in mir
festgefroren.
Introvertiertheit vermischt mit
unbändiger Lebenslust und Scheu
verloren.

Ich bin eher so Aktion zur
Reaktion
und oft das Gegenteil von Stille.
Von 0 auf 100,
erfüllt sich nicht mein Wille.

Ich bin leise, geht es mir
schlecht,

ich zeige Gefühle bin ehrlich
stets,
doch werd mir oft selbst nicht
gerecht.

Ich bin ein Widerspruch in sich,
hab oft ein lachendes Gesicht
und bin dann die, die viel zu
schnell zerbricht.

Ich bin eher so Gefühlsmensch,
mit ganzem Herzen involviert
Ich bin gut so, ich bleibe, was
auch passiert.

Ich bin reich an Gefühlen und
voller Fantasie,
frei ohne Zwänge, bereit die Angst
zu verdrängen
mit Worten aus Poesie.-jk-

-Mutgedanken-

Dieser Schatten meiner Selbst

impliziert nicht nur die Welt.

Nein, er macht sie sichtbar,

durch das Licht, durch Worte

dichtbar.

Diese Welt mit Sprache greifbar,

macht den Frieden unerreichbar.

Denn dieser, der das Wort
ergreift,

nicht nur die Welt mit Äxten

streift.

Nein, er macht sie zu angreifbar.

Gerade die, die im Schatten

stehen,

müssen um ihn kämpfen,

händeringend Menschen retten,

ihresgleichen,

die allein in fremden Ländern,

an des Wassers Ufern stehen.

Wir können sie sehen,

wir reichen die Hand,

doch nicht die, die vom Licht

geblendet,

die all ihr Hab und Gut

verschwendet,

für teure Ringe an der Hand.

Sie sehen diesen Schatten nicht,

so also mach dich sichtbar.

Denn nur mit deinen Mutgedanken

wird die Welt auch wieder

dichtbar.-jk-

-Resonanz-

Ich brauche diese Resonanz, diesen
Glanz, diese Akzeptanz,
aber auch so viel Distanz.
Ich liebe diesen Tanz zwischen den
Gesichtern, die Arroganz und das
Leben hinter Scheinwerferlichtern.
Ich schreie, ich schreibe,
lasse Gewicht ab und lese Gedichte
von zahllosen Dichtern.
Es ist, als wäre ich ganz gerade,
in mir verdreht,
als lies ich zum Schlafen das
Licht an.
Ich brauche diese Dissonanz, diese
Fülle, dieses Alles,
alles Ganz, vor allem Liebe, dann
und wann,
doch warten dauert mir zu lang.
Ich will dieses Alles, alles Ganz.

Das Leben lieben, wie ein Tanz.

-jk-

-Reise-

So wie A   L   L   E   S

irgendwann beginnt.

Beginnt auch meine Reise immer
wieder   N   E   U.

Zu mir Selbst, zu den Momenten im
Leben,

bei denen ich mich über
Kleinigkeiten freu.

Denn das ist ja der S   I   N   N
dabei.

Das Leben lernen,

                                   F

                                   R

                                   E

V   Ö   L   L   I   G.

                                   -jk-

-Salz-

Sei mein Salz

in den Wellen meiner Zeit.

Lass uns trotzen, den Wellen

auch bei tosendem Streit.

Ich will mich nicht verlieren

und doch den Wind der Freiheit

spüren.

Doch Du bist mein Halt,

mein Fels, mein Atem,

der unterm Wasser funktioniert.

Sei Du mein Hochgefühl,

die Oberfläche, der Auftrieb,

die Hände, die mich tragen,

sodass ich nicht versinke,

wenn mich der Hauch des Glücks

berührt.-jk-

//Punkte

Noch heute spüre ich, wie die
Worte über die Tastatur fliegen.
Meine Hände, wie sie sich zittrig
schreibend nach Vergeltung sehnen,
immer noch die richtigen Worte
suchen, um die Dinge zu
beschreiben, die ich erlebt habe.

Ich hatte mich dazu entschieden,
die Dinge kurz zu fassen, um meine
damalige Angst, kurz und
schmerzlos auf Papier zu bannen.

Diese Worte werde ich nie
vergessen, ich habe sie in meinen
Liedern konserviert.

Ich werde es nie vergessen, diese
Zeit erlebt zu haben, da ich nicht
ich selbst war, die dunklen Zeiten
sich um mich geschart und an mir
gezerrt haben, wie Hände, die
Nichts auf dieser Welt je mit
Liebe berührt hatten.

Diese Wörter sind Heute, wie ein
Vermächtnis zu meinem alten ich,
dass ich für immer in mir tragen
werde.

Diese Worte auf dem Papier sind viel mehr als nur Gedanken, die durch Punkte getrennt sind.-jk-

-Funke-

Ich gehe Baden im Licht

und werfe meine Schatten

nun auf Dich.

Unsere Schatten

dicht an dicht, sie tanzen.

Funken fliegen monochrom.

Schwerkraft fällt wie satte Farben

auf unsere Pupillen.

Stiller Ton der lauten Blicke

keine Zeit mehr, losgelöst.

Dunkelste Gefühlsfallstricke,

abgeschnitten, schnell entwirrt.

Nackte Nacht, so kalt entblößt,

Straßenlaternen,

Gedankenfragen ungelöst.-jk-

//Zuhause

Zuhause schmeckt nach eingelegten Gurken, nach frischen Johannisbeeren aus dem Garten. Zuhause duftet nach wilden Wiesenblumen, süßem Plätzchenteig im Ofen, nach sehnsüchtigem Warten. Zuhause hört sich an, wie Honigbienen in den Blüten, summend im Verborgenen. Zuhause fühlt sich an, wie frischer Wind, der durch die Haare weht. Es fühlt sich an, wie ankommen zu mir selbst und ich hoffe, dass es nie vergeht.-jk-

-Rechteck-

Das Rechteck hier

aus Licht und Schatten

und meiner großen Wenigkeit,

lässt so viel Platz.

Es hinterlässt

eine Lücke aus Gedanken,

die Jeder selbst hier mit sich

teilt.-jk-

//Leichtigkeit

Welcher Moment ist der Richtige,
was halten wir fest. Sind es am
Ende doch nur ein paar
Erinnerungen, die sich wie Gestern
anfühlen, so nah sind, dass sie
Nichts ersetzen kann. Ich wünsche
mir mehr von dieser Leichtigkeit,
mehr frischen Wind, losgelöste
Gedanken und ein Leuchten in den
Augen. Wir lassen dieses einfache
Sein, so oft sein und lassen die
Realität zu oft gewinnen. Jagen
wir den Moment, oder jagt uns die
Zeit, können wir doch keine dazu
gewinnen.-jk-

-Rücksicht-

Was ich tue, was belasse, welche
Reaktion ich folgen lasse.

Diesen Fakt entscheide ich.

Ein guter Rat, die leise Pflicht,
nach Optimierung Deiner
Weltansicht.

Die brauch ich nicht.

Deine Meinung, sie ist
festgesetzt, beschränkt Dir meine
Sympathie.

Wenn Du mit Worten nur verletzt,
gewinnst Du sie ja nie.

Was ich sage, wie ich handle, wie
ich mich im Leben wandle.

Das ist niemals festgesetzt.

Also denke nach und fühle, ob ich
mit Gefühlen spiele.

Ist deine Antwort Nein?

Doch falls sie Ja ist, es Dir

jetzt klar ist,

fällt es Dir jetzt ein?

So wie Du behandelt wirst, ist

nicht der Spiegel deines Seins,

deiner Meinung deines Lebens.

So sollst Du nicht zu mir sein.

Ich empfehle Dir Akzeptanz,

nur so ein bisschen, nicht mal

ganz.

Denn wenn Du damit Sätze bildest,

gibst Du der Angst auch kein

Podest,

kannst mit Worten alles schaffen,

wenn Du Rücksicht walten lässt.

-jk-

//Vogelperspektive

Konzentrische Wellen ziehen hinter
mir vorbei. Der Stein fällt ins
eiskalte Wasser und verstummt. In
meinem Rechteck an Licht fliegen
Tauben in der klaren Luft, immer
ihre Kreise. Ist jetzt der Punkt
in meinem Leben, an dem die Reise
erst so richtig startet, die Zeit
verrinnt, oder ist dieser
Standort,

das Mittendrin?

Dort, am Ort, an dem der
Schnittpunkt endet, etwas Neues
beginnt. Eine Vogelperspektive
meines Lebens erscheint vor meinem
inneren Auge und in diesem
klitzekleinen Moment der Stille,
stelle ich fest, das Rauschen, es
wird leise, meine Perspektive hat
keinen Rahmen, alles was ich mir
erlaube, ich forme sie auf meine
Weise, völlig frei-
Gedankenkreise.-jk-

-Kann-

Ich kann heute sagen, die Gedanken
an Dich
interessieren mich ganz und gar
nicht
und doch jagen sie mich.
Warum denk ich an Dich?
Ich habe nie verstanden, was das
mit uns war,
einen Moment, dann wart Du einfach
da
und ich wollte das nicht
und auf einmal nur Dich.
Jetzt weiß ich,
dass Gefühle nie lügen,
dass Gedanken nie betrügen.
Jetzt ist es mir klar.
Dann warst Du weg
und ich nicht mehr da.-jk-

-Weltschmerz-

Genug gedacht, denke ich mir, doch wann habe ich es gemacht, das letzte Mal so richtig über mich nachgedacht, meinen Kopf zerbrochen? Nicht über die Anderen, nicht über den Alltag, über den Weltschmerz, der sich wie der kalte Nieselregen in meinen Herbstmantel setzt, langsam fröstelnd hineinkriecht und mir einen Kälteschauer durch den Körper jagt, der meine Tagträume im Keim erstickt, den roten Faden der guten Laune plötzlich zerfetzt. Wann, wenn nicht jetzt?

Ich, ein lang gehegtes Geheimnis, ein mysteriöses Gefüge aus Wortfetzen und einem Ozean aus Gedanken, das Paradoxon, ein offenes Buch, doch nur für die Menschen, die auch in mir lesen wollen. Wie ein Gewächshaus für kreative Ideen und der Ecke aus Unkraut und Selbstzweifeln im Süden meines Herzens, die nach monatelanger Dürre doch wieder zu wachsen beginnen, obwohl ich sie immer wieder neu mit einer Schere aus Selbstliebe und Akzeptanz abschneide.

Tja, so einfach ist es nicht
immer, dieses ICH zu pflegen. Wenn
der Alltag mal wieder länger zu
Besuch bleibt, als mir lieb ist.
Trotzdem hilft mir mein
Pflichtbewusstsein und mein
unbändiges Streben nach Glück,
dass die Blumen und die Pflanzen
in meinem Gewächshaus, immer mehr
wachsen lässt, ganz egal, ob es
langsam kälter wird. Denn ich habe
in den letzten Monaten genug
gedacht, über mein Wachstum
gewacht und um mich und mein ich,
die besten Gedanken gemacht.-jk-

-Strauß-

Dort, wo die Träume nie verblühn,

Ja da ist mein zu Haus.

Ich streif durch Felder, grüne

Wälder

und pflückte diesen Strauß.

Ein Andenken an all die Zeit,

des Wachstums, der

Vergänglichkeit.

Dort wo der wilde Kümmel welkt,

mein Kopf noch nach dem Sommer

schwelgt,

die Sonne im Zenit sich regt,

der Atem in der Luft beschlägt,

des Herbstes Ende greifbar ist,

hier geh ich ein und aus.-jk-

-Eingravieren-

Am liebsten möchtest Du die
Momente konservieren,
hinein in deinen Kopf.
Für immer abrufbar, nicht
verlieren,
was Du noch eben gesehen hast,
wohin dich deine Füße getragen
haben.
Du willst sie eingravieren, die
Zeit anhalten,
für immer diese Freiheit spüren.
Doch die Zeit, sie jagt vorbei an
deinem inneren Auge.
Nur wenn Du innehältst, die
Sehnsucht vor die Hektik stellst,
dann ist sie wieder da.-jk-

//Sonnentanzen

Es ist egal, wer Du bist, wie Du aussiehst, doch nie, was Du von Dir denkst und all dem Ganzen. Du bist hier, hast nur Dich, dieses eine Gesicht, deine Talente und deine Ängste, die sich im Dunkeln verschanzen. Du hast das alles in Dir, das Alles, was Du brauchst. Ein einzelner Gedanke kann wachsen wie Unkraut. Doch wenn Du noch tiefer gräbst und die richtigen Gedanken sähst, dann wachsen ganz andere, nützliche Pflanzen. Ja wenn Du dich traust und in deine inneren Tiefen tauchst, deine dunklen Blätter pflegst und dich hin zu deinem Licht bewegst, dann kannst Du Sonnentanzen.-jk-

-Obsession-

Ich merke immer wieder, dass mich
Dinge nicht glücklich machen.

Keine Sachen, keine Kleider, doch
die Obsession geht weiter.

Materialismus der nie endet.

Tausend Tabs sind offen,
das Ladegerät schon heiß gelaufen
und die Bildschirme rauben meine
Energie mit ihrem blauen Licht.

Meine Augen brennen, doch ich
merke es nicht.

Ich will mich von der Last
befreien,
das Neue wagen,
einfach sein,
die Last aus meinen Gedanken
schreien.-jk-

//Rosenhecken

Manchmal, da weiß ich nicht, in
welche Richtung sich mein Leben
bewegt, trotzdem gehe ich weiter
auf dem Weg. Ich laufe vorbei an
den offenen Fenstern, an
Rosenhecken umrahmten Vorgärten
und akkurat gestutztem Rasen und
diesem Stapel Bücher, weiter ein
paar Straßen. Ich bleibe kurz
stehen, meine ganze Umgebung, sie
duftet nach Sommer. Nach dem
Parfüm von diesem Mädchen, dass
vor mir läuft, der Blumenwiesen im
Kleingartenviertel und dem
leichten Nieselregen, der sich
ganz leicht in der Luft zerstäubt.

Der die Welt um mich mit Nässe
tränkt und ich bin die, die denkt
und träumt. Den Blick für das
Detail geschärft.

Das Herz mit Poesie gefüllt

und ich habe keinen Augenblick
versäumt.-jk-

-Gedankenstaub-

Ich finde es schön, dass wir uns
wieder begegnen.

Da ist so viel mehr Freiheit
jetzt, die sich in unseren Herzen
regen kann, auch falls es mal
regnet.

Ich glaube DU bist so eine Person,
die bleibt, auch wenn die Ferne
dich treibt, wirst Du neben mir
stehen.

Bei mir sein, falls sich mein Mut
kilometerweit verirrt. Dann leihst
du mir Deinen.

Ich habe nicht viele Freunde, denn
die Zeit sie vertreibt, so oft die
Gedanken, wirbelt alles auf.

Fast wie Gedankenstaub.

Doch wer neugierig ist, sich

meiner Art wie eine Kunst

entgegenstreift, den behalte ich

im Herzen.

Vielleicht auch bis in Ewigkeit.

-jk-

//Liebe lernen

Ich kann das, dieses Leben. Ich liebe es, habe es lieben gelernt. Meine Sorgen sind weg, bin ich zufrieden, alle Probleme weit entfernt. Was heißt Lieben, wenn so vieles am Ende doch die Lust vertreibt. Was heißt das schon, wenn dein Versprechen doch nur temporär mit dem ersten Morgenkaffee verschwindet, sich in Luft auflöst, nur bis zum nächsten Morgen bleibt? Schnelle Schritte, herzrasende Gefühle, ruhelose Hände, schnelle Küsse, doch nichts was ich fühle.

Monotones Herzzerwühle.

Liebe ist Nichts für schwache Herzen oder Menschen, die gerne mit ihrem Seelenleben scherzen. Liebe ist ein alter Brauch, ein bisschen Bauchkribbeln am Anfang und später, da betrügt sich mancher auch.

Denn Liebe ist viel mehr als vier Augen und zwei Herzen, die versuchen ihren Takt zu synchronisieren.

Liebe ist, all das zu fühlen, was
Dir die Seele belebt, deinen Kopf
ausschaltet, um einfach nur zu
spüren.

Also lass Dich berühren von
schnellen und langsamen Händen,
von entschlossenen Lippen tagelang
Küssen.

Die Liebe kommt und geht, nur wir
sind die,

die das Leben einfach lieben
lernen müssen.-jk-

-Altes ich-

Es lässt mich nicht los, dieses
Gefühl.

Ich habe es in die hintersten
Korridore meines Herzens verbannt,
gedacht es ist in der Hitze der
Gefühle
bis auf die letzten Fetzen
zusammen mit meiner Angst
verbrannt.

Warum versucht es mich, besucht es
mich jetzt?

Ich habe es sofort wiedererkannt,
wie ein Gesicht, dass man nie
wieder sehen will.

Mein altes Ich wäre vor ihm
weggerannt.

Ich stehe hier, schaue der Angst
ins Gesicht,

schaue genauer hin

und sehe mich.

Dieses Gefühl ist nur mein altes

Ich.

Mit traurigen Augen

und Tränen im Gesicht.

Doch der Angst die Hand reichen,

das kann ich nicht.-jk-

-Wasserfarben-

Ich muss Dich fallen lassen,

doch es fällt mir schwer.

Viel zu viele Tränen,

bilden kleine Pfützen der

Traurigkeit,

doch noch ist es kein Tränenmeer.

Noch kann ich wieder Lachen,

versuchen mir nichts daraus zu

machen.

Versuchen diese dunklen Tage

in der Erinnerung ganz bunt zu

übermalen,

wie mit Wasserfarben.

In welchen Farben siehst Du die

Welt,

das habe ich mich immer gefragt.

Dein Mund verdient viel mehr

Lachen,

habe ich einst zu Dir gesagt.

Habe ich zu viel gewagt,

mein Herz zu weit geöffnet?

War es zu viel für mich, für Dich?

Ich male mit Wasserfarben,

denn sie verdecken nicht meine

Sicht.

Es scheint noch etwas durch,

dieses dunkle Grau,

was sich im Licht ein wenig zeigt.

Es erinnert mich an Dich.

Da wird ewig ein bisschen Schatten

sein,

wenn das Licht sich mit den

Erinnerungen mischt.

Erinnerungen an die Zeit,

an dein lachendes Gesicht.-jk-

-Sternschnuppen-

Als ich realisierte, dass der

Himmel sich rührte, da war es

schon zu

spät. Sternschnuppen sprangen über

den Himmel

und ich wusste meine Wünsche, ich

hatte sie verfehlt.-jk-

-Genug-

Man macht sich viel zu viele
Gedanken, immer.
Doch wird dein Selbstbild
mit jeder weiteren Frage
schlimmer.
Hast du Dich jemals gefragt, warum
du das tust,
sind Gedanken auch immer Segen und
Fluch.
Doch bist du mal ehrlich,
bist DU der Grund deiner Zweifel
und dein ICH doch schön genug.-jk-

-Zwischenzeit-

Zu wenig Zeit für das Gesagte kann

ein Fehler sein,

den man später noch bereut.

Zu wenig Zeit für die Gedanken,

die man erst noch kennenlernen
muss,

bevor man sich daran erfreut.

Zu wenig Zeit für deine Blicke,

unausgesprochene Worte,

die mit den Pupillen gesprochen

werden,

sich verengen und wieder weiten,

Zu wenig Zeit zur Zwischenzeit,

für die Liebe,

in diesen verwirrenden Zeiten.-jk-

-Stück vom Glück-

Wenn das Glück den Absprung

schafft,

bleiben wir zurück?

Man sagt, wenn man es nicht sucht,

dann kommt es zu Dir, dieses

Glück.

Federleicht, so scheint das Leben,

ist es plötzlich da.

Glück zu haben

passiert nicht allzu oft,

meist unverhofft

und oftmals in Gefahr.

Wenn das Glück den Absprung

schafft,

dann bleibe nicht zurück.

Nimm es bei der Hand

und teil es,

dein kleines Stück vom Glück.-jk-

-Kopfblütengewächse-

Ich blühe wieder auf,

schneide die alten Wurzeln ab und

bilde

neue Knospen aus.

Ich kann es, ich darf es.

Ich bin in mir zu Haus.

Es bringt nichts in der

Vergangenheit zu verweilen,

ich lasse los.

Ich brauche meine Energie,

verlorene Liebe,

ich lasse sie gehen.

Denn nicht immer ist ein Anfang

schön.

Doch schön sind die Momente

mit Menschen,

die bleiben,

die das Gute in Dir sehen.-jk-

//Frage

Da Manches nur eine Frage der Zeit ist, sollten wir wirklich anfangen im Moment zu leben. Nicht nur weil der Moment nie wieder so stattfinden wird, sondern weil auch diese winzig kleinen Momente die Schwebe zwischen Realität und Traumwelt erhalten. Nehmen Wir mal an, wir träumen…

Gibt es doch auch Träume, die uns die scharf gestochene Realität hinter einem Grauschleier aus Watte präsentieren. Wo bleiben da der Platz und der Sinn dieses erlebten Moments? Können wir versunken in unseren Köpfen, Gedanken und Träumen überhaupt das echte Leben spüren?

Momente, in denen man das Leben spürt, sind solche, wie wenn das warme Wasser unter der Dusche plötzlich eiskalt wird, die nackten Füße das frische Gras zum ersten Mal im Jahr wieder fühlen oder wenn beim Schaukeln die Schmetterlinge im Bauch nicht mehr wissen wohin.

Momente, in denen man wirklich
lebt, sind nicht immer schön, aber
in ihnen fühlt sich unsere Seele
so wach und lebendig an, wie sonst
nie.-jk-

-Zweifelkarussell-

Die Zweifel sollten mich bezahlen,

für jede gute Laune,

die sie mir manchmal nehmen.

Sie schleichen sich ein

und rauben mir zur richtigen Zeit,

im falschen Moment

meine Vernunft,

mein Selbstbewusstsein.

Ich kann ihnen nicht vergeben.

Ich selbst aber lasse sie in mein

Herz,

alte Erinnerungen immer auf

Repeat,

alles in Dauerschleife,

langsam drehend, bis schnell

zuletzt.

Dieses Zweifelkarussell, dass

meine Gedanken verwirrt,

mich immer wieder aufs Neue

verletzt.

Es dreht sich um meine dunkelsten

Schatten,

zeigt mir in trüben Farben,

die Momente, die meinem Herz

kleine Stiche versetzen.

Ich kann es nicht abstellen

und doch will ich fahren.

Mit lachenden Augen und mein Herz

voll mit Farben.

Ich will Schreien, den Zweifeln

entgegengesetzt.-jk-

//Abstand

Die Schritte, die mit dem Abstand
lautlos werden. Der Wind, der die
Sonne verdeckt und die Kühle mit
sich bringt. Die Räder, die sich
drehend fortbewegen. Die
Wolkenränder lassen die Sonne
wieder frei, allein über den
Himmel ziehen.

Das Rauschen, dass noch lange
nachhallt, schnelle Füße auf dem
Kies. Kinderlachen vermischt sich
mit den Rufen der Enten, die ihre
waghalsigen Landungen auf dem
glitzernden Wasserspiegel
vollführen.

Ich sitze reglos mit Ameisen in
den Beinen und

wenn ich die Augen schließe, lässt
sich der Horizont mit den
Fingerspitzen berühren.-jk-

Danke an:

I, B, H und R, die immer hinter
mir stehen und mir meinen Rücken
stärken. An liebe Menschen wie
Dich, die mich immer wieder nach
einem zweiten Teil und der
Fortsetzung der
Sekundenhauchtrilogie gefragt
haben. An die Personen, die wahre
Freunde sind. An die Menschen,
denen ich mit meinen Worten ein
kleines bisschen Lebensfreude
schenke, deren Alltag ich mit
meinen Gedanken bereichern darf.

Danke an Dich, dass Du mir hilfst
meinen Traum vom Schreiben am
Leben zu erhalten.

Dieses kleine Buch ist mein Dank
an sich, ein großes an die
Inspiration und auch ein
klitzekleines Dankeschön an mich,
dass ich noch hier bin und ich mit
meinen Worten ein bisschen Gewicht
der Welt für Dich einfangen
konnte.

D   A   N   K   E   S   C
     H   Ö   N   !

Da das gesamte Werk von mir in Eigenregie erstellt wurde, kann es sein, dass kleine Unperfektheiten auftreten. Jedoch ist es nicht mein Anspruch alles PERFEKT zu machen, sondern mit Liebe, Verstand und einem Hauch von künstlerischer Freiheit.

Ich hoffe DU fühlst dich durch das Lesen in Minutenliebe an dieser Stelle inspiriert, gehört und mit Worten umarmt.

Wenn Dir meine Wortkunst gefällt, dann schreibe mir eine Mail, Rezension zu deinem Exemplar oder sag es mir gerne persönlich.

Zu meiner Person:

Ich heiße Josefine Klett, wie Du dem Buchrücken und dem Cover vielleicht schon entnehmen konntest. Ich wurde am 11.09.1998 in Jena geboren.

Zurzeit studiere ich im fünften Semester Soziale Arbeit an der Hochschule Coburg. Neben dem Studium und dem Schreiben meiner Bücher mache ich gerne Musik und bin dabei eigene Songs von mir in die Welt hinauszutragen.

Zusammenfassend bin ich schon immer eine Person mit vielen Interessen.

Dieser zweite Gedichtband ist ein weiteres Herzensprojekt von mir, welcher in der Corona-Pandemie 2020- Ende 2021 entstanden ist.

Minutenliebe bildet für mich den Auftakt hin zum Licht, es zeigt verständlich oder auch ganz ohne Verstand die Hürden, Konflikte und ungefilterten Ängste, die für den Leser nach und nach durchleuchtet werden.

Mit Minutenliebe fällt ein Lichtschein ins Dunkel des zuvor erlebten Seelenlebens und lässt nun auch immer mehr Hoffnung zu.

Es zeigt sich Unperfekt

Minimalistisch und

ganz ohne Zwang.

Sekundenhauchtrilogie

1.Sekundenhauch 2020

2.Minutenliebe   2021

3.???